AF497891

SOUVENT
FEMME VARIE...

COMÉDIE EN UN ACTE ET EN PROSE,

PAR

M. AMÉDÉE ACHARD,

REPRÉSENTÉE POUR LA PREMIÈRE FOIS, A PARIS, SUR LE SECOND THÉATRE FRANÇAIS, LE 25 DÉCEMBRE 1853.

DISTRIBUTION DE LA PIÈCE.

BONNEUIL, député et notaire.	MM. SAINT-LÉON.
PAUL DE CHARMOIS	METRÈME.
CLAIRE DE BRASSIEUX	Mlles ARÈNE.
LOUISE D'HARTENAY.	GRANGER.
JUSTINE, femme de chambre	LEDHUY.

La scène se passe chez Claire de Brassieux.

AVIS. — Vu les traités internationaux, les Auteurs et les Editeurs de cette pièce se réservent le droit de représentation, réimpression et traduction à l'étranger.

SOUVENT FEMME VARIE.

Un salon. — Porte au fond. — Deux latérales. — Une fenêtre.

SCÈNE Ire.

CLAIRE, LOUISE.

LOUISE.

Bonjour, Claire, as-tu une tasse de thé à me donner ?

CLAIRE.

Est-ce que tu viens déjeuner avec moi ?

LOUISE.

Non pas ; j'entre et je sors, c'est mon jour de garde.

CLAIRE.

Tu es de la garde nationale ?

LOUISE.

Je suis du bureau de charité, et nous avons chacune notre jour de service, notre faction de bienfaisance. Par bonheur la journée sera belle. (*S'approchant de la fenêtre.*) Oui ; la girouette du capitaine Lebatard est au nord... Point de pluie.

CLAIRE.

Cette impertinente girouette ! Je donnerai congé à mon propriétaire pour ne plus voir cette grande femme de fer blanc qui tourne... C'est bien là une manie de vieux marin... Une girouette sur un balcon...

LOUISE.

Le capitaine dit que cela lui rappelle l'Océan et sa femme... Mes pauvres attendent, adieu !

CLAIRE.

Oh ! comme tu t'en t'as vite ; c'est à peine si tu m'as dit bonjour, j'avais cependant une nouvelle.

LOUISE.

Je fais ce que tu veux. (*Elle ôte son chapeau.*) Donne-moi une autre tasse de thé... Voyons ta nouvelle ?

CLAIRE.

Devines-tu de qui j'ai reçu ce billet ce matin ?

LOUISE.

De l'éternel M. Bonneuil, ce galant député de l'opposition, ton notaire et notre voisin de campagne, qui songe un jour à épouser tes prés, et le lendemain à épouser mes bois, selon que les coupes ou les foins sont en hausse.

CLAIRE.

Tu n'y es pas·! vois le timbre : Paquebot de la Méditerrannée, le Caire.

LOUISE.

Une lettre d'1 Caire !... d'Ibrahim Pacha ?

CLAIRE.

Oh ! tu ris toujours... De Paul de Charmois !

LOUISE.

O ciel ! il s'est fait turc ?

CLAIRE.

Lis toi-même...

LOUISE, *prend le billet vivement, et lit.*

« Madame,

« Cette lettre ne me devancera à Paris que de vingt-quatre heures ; je me présenterai chez vous dans la matinée du cinq septembre... » C'est aujourd'hui.

« Recevez, etc...   Paul de Charmois.»

CLAIRE.

Que dis-tu de cela ?

LOUISE.

Mais je dis qu'il vient réclamer l'héritage de son oncle, et peut-être...

CLAIRE.

Quoi encore ?

LOUISE.

La main de sa tante.

CLAIRE.

Je ne suis pas sur l'inventaire de la succession, moi ; je ne suis pas un immeuble !

LOUISE.

Ma chère belle, il t'a aimée, et tu l'as oublié ; c'est une raison pour qu'il t'aime encore ; la perfidie est pour le cœur ce que les piments sont pour l'appétit... cela le réveille.

CLAIRE.

Et où prends-tu mes perfidies, s'il te plait ?

LOUISE.

Oh ! ma chère, démontre à tout le sexe masculin, si cela t'amuse, que tu as été un miracle de constance, je te soutiendrai... mais quand nous sommes tête en tête... ma conscience...

CLAIRE.

Mais enfin ?

LOUISE.

Je t'accorderai, si tu veux, que tu es coquette sans le savoir,
mais c'est tout.

CLAIRE.

Cependant...

LOUISE.

Tu es peut-être comme la girouette du capitaine Labatard;
est-ce qu'elle sait qu'elle tourne ?

CLAIRE.

Mais des faits, des faits ?

LOUISE.

Ah ! tu veux des faits ?

CLAIRE.

Oui.

LOUISE.

Je ne t'en citerai qu'un, mais il en vaut mille ; vous avez été
fiancés, Paul et toi ; eh bien, du vendredi au samedi, par le
ciel le plus bleu et le plus serein, le vent se lève , la girouette
tourne et tu épouses monsieur de Brassieux, un oncle de Paul,
sexagénaire, avare et goûteux.

CLAIRE.

Eh bien ?

LOUISE.

Comment, eh bien ? ce n'était pas apparemment par amour
pour Paul que tu épousais monsieur de Brassieux ?

CLAIRE.

Ma pauvre Louise, tu ne sais pas ce que c'est que l'amour.

LOUISE.

Ah ! s'il y a deux manières d'aimer, et si la seconde, la tienne,
consiste à épouser celui qu'on n'aime pas, et à ne pas épouser
celui qu'on aime, à la bonne heure !

CLAIRE.

Il y a des grands hommes qui meurent inconnus, il y a des
femmes qui meurent incomprises.

LOUISE.

C'est qu'elle vous dit cela d'un ton sérieux et convaincu...
Ah ! quand je songe que tu as épousé son oncle, un oncle dont
il était l'unique héritier !

CLAIRE.

Mais Louise, lui ai-je enlevé son héritage ?

LOUISE.

Non, ton mari est mort sans laisser après lui le plus petit testament, et Paul, en qualité de plus proche parent, a droit à toute
la succession ; de sorte que tu n'as fait ni un mariage d'argent,
ni un mariage d'amour.

CLAIRE.

On est toujours battue, quand on discute avec toi ; si tu savais...

JUSTINE. *annonçant.*

Monsieur Paul de Charmois.

LOUISE.

Midi, cinq septembre... Parlez-moi des gens qui reviennent du Caire pour être exacts.

SCÈNE II.

LES PRÉCÉDENTS, PAUL.

PAUL, *s'incline.*

Permettez-moi, madame, de vous faire mon compliment de condoléances.

LOUISE.

Permettez-moi, monsieur, de vous adresser mes félicitations...

PAUL.

Madame d'Arthenay ?

LOUISE.

Elle-même. Enchantée de vous revoir. Savez-vous que vous n'avez pas vieilli... A propos, les dames du Caire sont-elles jolies ?

PAUL.

J'y ferai attention à mon prochain voyage, puisque cela vous intéresse.

LOUISE.

Hypocrite ! comme si vous ne le saviez pas déjà.

CLAIRE.

La lettre du notaire de monsieur de Brassieux vous a appris, monsieur, qu'en votre qualité de neveu de feu mon mari, vous êtes appelé à recueillir toute la succession.

PAUL.

J'ai reçu cette nouvelle au Caire, au moment où j'allais entreprendre la traversée du désert.

CLAIRE.

Ah ! mon Dieu, le désert ?

LOUISE.

Est-ce qu'on en revient ?

PAUL.

Grâce aux relais anglais, on va aujourd'hui à Calcutta, comme on va à Montmorency.

CLAIRE.

Et l'on y trouve peut-être des étudiants, des grisettes...

PAUL.

A peu près... L'Inde est comme la France, les mêmes hommes.

LOUISE.

Et les mêmes femmes?

PAUL.

Ah! mon Dieu, presqu'autant de coquettes qu'à Paris.

LOUISE.

Pas possible!

CLAIRE.

Ce n'est guère la peine de voyager.

PAUL.

Pour rencontrer si loin ce qu'on a quelquefois si près; vous avez bien raison.

LOUISE.

Plaignez-vous donc des voyages, la fortune vous est venue en voyageant.

PAUL.

Vous m'y faites songer !... J'espère que madame de Brassieux, me permettra d'interpréter les intentions de mon oncle et de faire deux parts de la succession.

CLAIRE.

Oh! chacun son droit. Je vous préviens que j'aurais usé du mien, si j'avais hérité ; j'avais même songé d'abord à vous faire un gros procès; mais mon avocat m'a dit que je le perdrais.

LOUISE.

A ta place, j'aurais plaidé ; les avocats ne perdent que les bons procès.

PAUL.

Eh bien! transigeons.

CLAIRE.

Non pas! Je suis intraitable... Tout ou rien... Ah! je veux vous présenter mon notaire ou plutôt le vôtre. La séance de la chambre ne commence qu'à une heure. Monsieur Bonneuil doit être encore chez lui. Je vais passer à l'étude ou j'ai quelques signatures à donner et je le ramène.

PAUL.

Diable! mon notaire est député... est-ce qu'il se dérangera pour moi?

LOUISE.

Un notaire se dérange toujours pour un héritier millionnaire.

SCÈNE III.

PAUL.

C'est un député ministériel?

LOUISE.

Y pensez-vous, dans le temps où nous sommes, en **1845**, un notaire est toujours de l'opposition, parce que l'opposition est incorruptible, comme le notariat.

CLAIRE.

Madame d'Arthenay voudra bien vous tenir compagnie un instant.

LOUISE.

Et ma tournée de charité?

PAUL.

Je suis un pauvre pélerin qui revient de Terre-Sainte, et j'ai droit, moi aussi, à votre charité?

LOUISE, *lui tendant la main.*

Je reste.

(Paul lui baise la main.)

SCÈNE III.

PAUL, LOUISE.

LOUISE.

Je suis trop franche pour ne pas vous déclarer que je suis restée, parce que j'en mourrais d'envie.

PAUL.

Vraiment!

LOUISE.

Votre voyage du Caire vous a rendu fort intéressant. Cela vous a donné une physionomie romanesque... quelque chose d'égyptien; en un mot, vous êtes pour une parisienne un sphinx, et vous comprenez que je veux savoir votre énigme.

PAUL.

Interrogez, et le sphinx n'aura rien de caché pour vous.

LOUISE.

Vous aimez toujours madame de Brassieux.

PAUL.

Dieu m'en garde!

LOUISE.

Je m'y connais; j'ai fait une étude approfondie des caractères... Vous êtes constant comme...

PAUL.

Feu Pyrame!

LOUISE.

Ah ! vous vous moquez, j'ai beaucoup connu de ces mo-
queurs qui riaient des lèvres, mais dont le cœur souffrait ;
tenez, mon ami, vous avez tort de jouer ce triste jeu-là avec
moi.

PAUL.

Vous êtes une aimable et excellente femme. Connaissez-vous
madame de Brassieux aussi bien que vous me connaissez ?

LOUISE.

Mieux encore.

PAUL, *avec inquiétude.*

Eh bien ?

LOUISE.

Ah ! mon pauvre garçon ! tenez, qu'est-ce que vous voyez,
là, vis-à-vis, sur le balcon du capitaine Lebatard ?

PAUL.

Eh mais ! une girouette, je crois.

LOUISE.

Justement le vent se lève, voyez comme elle tourne.

PAUL.

O ciel !

LOUISE.

Ce n'est pas sa faute, c'est la faute du vent... Ce n'est pas la
faute de Claire, si elle ne vous aime plus, c'est celle de son
cœur ; elle est girouette de naissance ; elle vous a aimé, elle
vous a oublié ; elle vous aimera encore, dix fois, vingt fois, et
toujours sans préméditation. Il semble que ce soit pour elle
que le plus galant de nos rois ait trouvé ce vers impertinent.

   « Souvent femme varie... »

Vous savez le reste ?

PAUL, *tristement.*

   « Bien fol, est qui s'y fie. »

LOUISE.

Croyez-en Louise et François Ier. Ne v........as, et ma-
riez-vous au plus vite.

PAUL.

Me marier !

LOUISE.

Mais oui... Le mariage est un camp fortifié, un blockans
comme disent nos généraux d'Afrique. Claire épousera
monsieur Bonneuil qui a pour nous deux un amour topographique.

PAUL.

Qu'est-ce que c'est que cet amour-là ?

LOUISE.

Le domaine de monsieur Bonneuil est situé sur un plateau, les prés de madame de Brassieux s'étendent sur l'un des versants... mes forêts sur l'autre. Monsieur Bonneuil veut nous épouser par convenance topographique, c'est une union agricole qu'il poursuit et il lui est à peu près égal de devenir le mari d'une forêt ou le mari d'une prairie.

PAUL.

Elle l'épouserait, vous croyez ?

LOUISE.

Quant à vous je vous destine un vrai trésor, un ange millionnaire.

PAUL.

Et le nom de cet ange millionnaire.

LOUISE.

C'est ma nièce, Hortense de Préval, une petite pensionnaire de seize ans que vous avez vue enfant à Nantes.

PAUL.

Quoi ! Hortense, bonne à marier ! Il me semble que je la vois toujours au biberon.

LOUISE.

N'allez pas lui dire cela, elle vous refuserait. Oh ! nous avons bien grandi depuis nos promenades de Nantes, nous sommes une fort belle fille, avec de grands yeux noirs et des cheveux cendrés.

PAUL.

Et vous croyez qu'elle voudrait de moi ?

LOUISE.

D'abord, je vous veux, moi, c'est une raison. Oh ! quand j'ai mis quelque chose dans ma tête... il faut que cela soit... Tenez, j'ai toujours eu horreur du mariage pour mon compte. Cela contrarie mes idées d'indépendance ; eh bien, j'ai épousé feu monsieur d'Arthenay uniquement parce qu'il voulait rester garçon et qu'il avait eu l'imprudence de me le dire. Ainsi, croyez-moi, ne faites pas de résistance, parce que je vous marierais deux fois plutôt qu'une.

PAUL.

Diable, je ne résiste pas ; je suis prêt à faire tout ce que vous voudrez..

LOUISE.

A la bonne heure ! prenez cette adresse.

PAUL.

Qu'est-ce que c'est ?

LOUISE.

Mademoiselle Hortense de Préval, au pensionnat de madame Villeneuve, de la part de madame d'Arthenay. Vous renouerez connaissance avec ma pupille, et si Hortense vous plaît, tombez à ses pieds, je vous y autorise. Dites-lui que vous venez du Caire exprès pour elle, je vous le permets ; et demain nous réunissons les grands parents et nous publions les bancs.

PAUL.

Et vous croyez qu'elle épousera monsieur Bonneuil ?

LOUISE.

Et non... c'est vous qu'elle épousera.

PAUL.

Claire ?

LOUISE.

Hortence !

PAUL.

Ah ! c'est vrai, je vous demande mille pardons, le voyage m'a un peu troublé.

LOUISE.

Prenez ma voiture et courrez aux Champs-Elysés ; je vous attends.

PAUL.

Je n'aurais jamais cru qu'elle epousât mon notaire.

LOUISE

Et pourquoi donc ? elle a bien épousé votre oncle.

SCÈNE IV.

LOUISE.

Ce sera mon cinquième mariage de l'année ; on m'appellera madame de Saint-Marc. Mais ça m'est égal ; j'aime à marier tout le monde, excepté moi. C'est ma bosse, comme dit mon docteur ; c'est si amusant de deviner les sympathies, de les faire naître au besoin, de faire taire les grands parents et parler les petites cousines. Je me sens en veine, je réussirai ; vouloir c'est pouvoir, et je veux.

SCÈNE V.

LOUISE, CLAIRE, BONNEUIL.

BONNEUIL.

Les rois disent habituellement nous voulons ; que veut ma charmante voisine ?

LOUISE.

Oh ! rien ... un mariage.

BONNEUIL.

Alors, je le tiens pour fait. Les notaires devraient vous voter un mari d'honneur.

CLAIRE.

Mais où est donc monsieur de Chamois ?

LOUISE.

A deux pas d'ici, il est allé jeter une carte chez un égyptien de la rue des Pyramides.

BONNEUIL.

C'est bien aimable à lui de m'avoir ménagé un tête-à-tête avec mes deux charmantes voisines. Ah ! je suis ici comme dans mon département. (*Se mettant entre elles.*) D'un côté madame de Brassieux, fraîche comme ses prés ; de l'autre madame d'Arthenay, belle comme ses bois.

LOUISE.

Et, au milieu, monsieur Bonneuil, les bonnes terres labourables, bien productives, bien grasses.

BONNEUIL.

Déja les hostilités ! vous ne voulez donc pas signer un traité d'aillance entre le plateau et la vallée, associer mes céréales et vos futaies ?

CLAIRE, *riant.*

Et mes prairies, monsieur, mes prairies ; vous les condamnez donc à un veuvage éternel ?

BONNEUIL.

Ah ! ah ! (*Sérieusement.*) Convenez qu'à nous trois nous eussions fait un domaine complet.

LOUISE.

Mais c'est de la bigamie agricole , prenez garde.

BONNEUIL.

C'est votre faute, aussi ; vos coupes, vos regains, vos beaux yeux, tout ça me fait perdre la tête. Vous ne savez pas ce que c'est que l'amour et l'agriculture, se livrant bataille dans le cœur d'un notaire.

LOUISE.

En attendant que je le sache, je vous donne à faire un contrat de mariage.

BONNEUIL.

Je l'accepte.

LOUISE.

D'un million !

BONNEUIL.

Diable ! je le demande.

CLAIRE.

Qui maries-tu ?

LOUISE.

Je te le donne en mille ; un mariage improvisé, ma chère ; je pourrai dire comme César : je suis venue, j'ai vu, j'ai marié.

BONNEUIL

On ne saurait aller trop vite quand il s'agit d'un million ; c'est si fugitif.

CLAIRE.

Et le nom du mari ?

LOUISE.

Paul de Charmois.

CLAIRE.

Paul !

LOUISE.

Je lui donne ma nièce Hortense.

CLAIRE.

Mais c'est impossible !

LOUISE.

C'est fait !

CLAIRE.

La plus riche héritière de Bretagne épouser un cadet sans fortune et sans position ; la famille n'y consentira jamais.

LOUISE.

Et l'héritage de ton mari !

BONNEUIL.

Un million en immeubles... des fermes dans la Beauce et des herbages en Normandie... Monsieur vaut Madame.

CLAIRE.

Encore faut-il que monsieur de Charmois accepte, car je suis certaine que tu l'as mariée sans même lui adresser une lettre de faire part pour assister à la célébration de son mariage.

LOUISE.

Lui ! il aime ma nièce... depuis son enfance... et il me remerciait tout-à-l'heure à genoux.

CLAIRE.

Ah !

LOUISE.

Tu vois que la fortune, l'amour, les convenances...

CLAIRE, *froidement.*

Tu as raison, c'est un mariage assorti.

LOUISE

Je n'en fais pas d'autres.

SCÈNE VI.

CLAIRE.

Je suis d'une joie...

LOUISE.

Embrasse-moi !

CLAIRE.

Cette bonne petite Hortense ! qu'est-ce que je pourrais donc lui offrir comme cadeau de noces ; car je veux être la première...

LOUISE.

Oh ! ne va pas faire de folies... un chiffon...

CLAIRE.

J'ai un bracelet délicieux... en or ciselé... un serpent qui se mord la queue, où donc ai-je fourré ce petit bijou-là ? Ah ! dans mon secrétaire. (*Elle ouvre avec impatience tous les tiroirs*).

LOUISE.

Tu chercheras cela plus tard.

CLAIRE.

Non, non ; est-ce que ma femme de chambre... Je gronderai Justine... Ah ! qu'est-ce que c'est que ça ?

LOUISE.

Un secret ?

CLAIRE.

Dans le secrétaire de feu monsieur de Brassieux.

LOUISE.

Regarde bien vite... s'il y avait un trésor ?

CLAIRE.

Bah ! rien que des papiers, de vieux comptes. (*Elle ferme le secrétaire*).

BONNEUIL.

Pardon, en qualité de notaire de la succession, les vieux papiers me reviennent.

CLAIRE

Oh ! comme il vous plaira... Voyez, monsieur... (*Remontant la scène pendant que Bonneuil examine les papiers.*) Cela fera le plus joli couple, nous prendrons la corbeille de la mariée chez Tahan, n'est-ce pas ?

SCÈNE VI.

LES PRÉCÉDENTS, PAUL.

LOUISE.

Ah ! voici le prétendu.

CLAIRE.

Recevez, monsieur, mon compliment.

PAUL.

De quoi donc, madame?

LOUISE.

Mais de votre mariage.

PAUL.

Ah! c'est vrai; et madame de Brassieux daignerait approuver?

CLAIRE.

Comment donc... j'y avais moi-même songé. Cette chère Louise m'a devancée... Vous ne pouvez faire un meilleur choix, de la richesse, de la beauté...

PAUL.

Et pas de coquetterie... J'hésitais encore, je ne me trouvais pas digne de mademoiselle de Préval.... mais puisque vous m'encouragez. (*A Louise.*) Je vous prie, ma chère protectrice, de demander, en mon nom, à la famille, la main de mademoiselle Hortense.

BONNEUIL, *exclamant.*

Oh! mais que vois-je?

LOUISE.

Ne faites pas attention! c'est mon notaire qui se croit à la chambre et qui interrompt... Mon cher Bonneuil, je vous présente votre client, mon futur neveu; saluez et embrassez-moi.

BONNEUIL, *s'incline.*

Permettez.

LOUISE, *tendant la joue.*

Certainement... puisque je vous le demande.

BONNEUIL.

J'embrasse toujours... mais...

LOUISE.

C'est un à-compte sur les honoraires.

BONNEUIL.

Alors... c'est de l'argent... non, c'est un baiser volé.

LOUISE.

Qu'est-ce que vous dites donc?

BONNEUIL.

Lisez vous-même... Moi, Pierre de Brassieux, en présence de Dieu. »

LOUISE.

Oh! faites-nous grace... encore quelque inventaire...

BONNEUIL.

Un testament olographe.

CLAIRE.

Ah bah !

LOUISE.

Un testament !

BONNEUIL.

Qui institue pour légataire universelle, madame Eugénie Claire de Brassieux.

PAUL, *riant.*

Ah ! ah ! c'est original.

LOUISE.

C'est indigne... pardon, ma chère... mais faire venir ce pauvre jeune homme du Caire pour assister à la découverte d'un testament qui le déshérite, c'est un cas de nullité.

CLAIRE.

Tu as raison, et j'espère que monsieur de Chamois me permettra d'interpréter les intentions de mon mari et de faire deux parts...

PAUL.

Impossible, madame... je suis comme vous... tout ou rien... j'aimerais mieux plaider.

BONNEUIL.

Vous perdriez... le testament est inattaquable.

PAUL, *gaîment à Louise.*

Madame, permettez-moi de vous rendre votre parole.

LOUISE.

Je ne m'en consolerai jamais.

CLAIRE.

Mais il me semble que la famille de Préval pourrait passer sur la fortune, en considération de l'esprit, de la figure, et surtout de l'amour subit, mais profond de monsieur de Charmois pour cette chère Hortense.

BONNEUIL.

Y songez-vous ? une héritière d'un million ! passe encore si monsieur de Charmois était député... ou maître des requêtes, ou même sous-préfet !

LOUISE, *à part.*

Quelle idée !

PAUL.

Ou notaire ?

BONNEUIL.

Oui, monsieur, ou notaire.

PAUL.

Ma foi !... je ne suis rien de tout cela, et, quant à cet amour subit mais profond que je ressens pour mademoiselle de Préval, je tâcherai d'en guérir. Il y a tant d'amours de ce genre-là qui se sont évanouis du matin au soir, que le mien ne sera pas sans doute le seul incurable... Qu'en pensez-vous madame. (*Il cause à voix basse avec Claire.*)

LOUISE.

Monsieur Bonneuil, ce mariage se fera.

BONNEUIL.

C'est vouloir marier comme Phrosine, la république de Venise avec le grand Turc !

LOUISE.

Il y va de ma réputation ; si je ne marie pas ce jeune homme, je ne marie plus personne !

BONNEUIL.

Ah ! madame, les pauvres notaires y perdraient trop, et les études baisseraient de moitié.

LOUISE.

Puis-je compter sur vous ?

BONNEUIL.

Mon intérêt et mon cœur vous répondent de moi.

LOUISE.

Vous allez m'accompagner chez le ministre de l'intérieur !

BONNEUIL.

Madame, un député de centre gauche au ministère, y pensez-vous ?

LOUISE.

Une visite, en passant.

BONNEUIL.

La veille d'un vote important, d'un vote qui est une question de vie ou de mort pour le cabinet... Si mes amis politiques...

LOUISE.

Je vous permets de leur dire que je vous ai enlevé... don Juan !

BONNEUIL.

Voilà un mot qui me ferait aller jusqu'au banc des ministres, Syrène !...

LOUISE.

Adieu, ma toute belle, j'emprunte le bras de M. Bonneuil et je me sauve !...

(Ils sortent ensemble.)

SCÈNE VII.

PAUL, CLAIRE.

CLAIRE.

Mais asseyez-vous donc, monsieur de Charmois !

PAUL, *froidement.*

Je craindrais d'abuser de votre hospitalité, si je n'avais d'ailleurs laissé à votre porte, un de mes amis du Caire, un pauvre Turc, à qui j'ai promis de faire voir Paris, et je vais...

CLAIRE, *vivement.*

Vous me gardez rancune de ce malheureux testament !...

PAUL.

Faut-il vous prouver qu'il n'en est rien. (*Claire fait un signe affirmatif.*) Je reste !

CLAIRE.

Prenez ce fauteuil et causons.

PAUL, *à part.*

Ce pauvre Ali... après ça un Turc !

CLAIRE.

Vous savez que je suis curieuse. Dites-moi ce que vous allez faire, vous avez sans doute quelque projet...

PAUL.

Que voulez-vous que je fasse, sinon... reprendre le paquebot ?

CLAIRE.

Et...

PAUL.

Et retourner au Caire, fumer des chibouques avec mon ami qui m'attend en bas.

CLAIRE.

Ah ! vous fumez encore, vous m'aviez pourtant bien promis...

PAUL.

Ah ! de grâce, ne parlons pas de ce que nous avons promis.

CLAIRE.

Et pourquoi ? vous aurait-on promis quelque chose ?

PAUL.

Rien, sans doute, puisque vous l'avez oublié.

CLAIRE.

Il fallait me le rappeler ; vous ne parlez jamais aussi... Eh bien !...

PAUL.

Je craindrais qu'il ne fût trop tard.

CLAIRE, *avec dépit.*

Comme vous voudrez... Il s'agit peut-être de quelque polka !

PAUL, *se levant.*

Oui, madame ! et j'aurai l'honneur de réclamer à mon prochain retour du Caire, la polka que vous avez bien voulu me promettre. (*Il prend son chapeau.*)

CLAIRE, *se levant.*

Décidément, vous tenez à partir.

PAUL.

J'y tiens !

CLAIRE.

Cela n'a pas le sens commun... J'avais compté sur vous.

PAUL.

Sur moi !...

CLAIRE.

Certainement, vous êtes le seul parent de M. de Brassieux, j'avais pensé que cet hiver vous m'accompagneriez aux Italiens.

PAUL.

Vous trouverez tant de gens qui s'estimeront heureux d'accompagner une jolie femme.

CLAIRE.

Oh ! les indifférents ! ce n'est pas la même chose, on ne sent bien la musique qu'à côté d'un ami.

PAUL.

En vérité, madame, vous êtes incompréhensible.

CLAIRE.

C'est qu'on n'a jamais voulu me comprendre.

PAUL.

Oh ! madame, de grâce, cessons ce jeu... je vous en prie... Vous avez épousé mon oncle et vous avez voulu me faire épouser mademoiselle de Préval... tant vous paraissiez craindre que je ne fusse pas assez convaincu de votre indifférence ; maintenant, parce que vous vous ennuyez, parce que le temps est à la pluie, ou parce que la lune est nouvelle, vous voulez faire renaître des espérances qui sont mortes... Ah ! madame... un galant homme peut être naïf une première fois... mais une seconde fois sa naïveté serait une duperie.

CLAIRE.

Un tel langage ! ah ! vous êtes cruel ! Ecoutez-moi, et après que vous m'aurez entendue... Mais que faites-vous ?

PAUL, *à la fenêtre.*

Je regarde la girouette du capitaine Lebatard. J'en étais sûr, le vent a sauté, il a passé du sud au nord, et voilà la femme qui tourne; j'attendrai qu'il revienne du nord au sud pour vous faire mes adieux, et prendre vos commissions pour le Caire ; ce ne sera pas long, la girouette hésite déjà... Madame...

(*Il sort.*)

SCÈNE VIII.

CLAIRE, JUSTINE.

CLAIRE, *sonnant.*

Oh! cette girouette ! Justine, allez dire au propriétaire que je donne congé.

JUSTINE.

Et si le propriétaire me demande pourquoi, madame ?

CLAIRE.

Vous répondrez... parce qu'il y a en face une girouette.

JUSTINE.

Très-bien; madame déménage pour cause de girouette.

(*Elle sort.*)

CLAIRE.

Mademoiselle de Préval est jolie, elle est plus jeune que moi; il l'aime et il m'accuse de coquetterie pour préparer son infidélité... Ah ! c'est affreux... Qui vient là, encore des importuns... Ah ! ma meilleure amie... c'est presque la même chose.

SCÈNE IX.

CLAIRE, LOUISE, BONNEUIL.

LOUISE.

Victoire ! nous le marions.

CLAIRE.

Qui ?

LOUISE.

Ce cher Paul.

CLAIRE, *à part.*

Je ne m'étais pas trompée. (*Haut.*) Ah ! tu le maries ?

LOUISE.

Oh ! tout net.

CLAIRE.

Et à qui devons-nous ce dénouement inattendu ?

LOUISE, *montrant Bonneuil.*

A monsieur.

BONNEUIL.

Madame...

LOUISE.

Oh! ne vous en défendez pas ; vos amis de l'opposition n'é-
coutent pas aux portes.

BONNEUIL.

Chut !

LOUISE.

Une place conquise par un député de l'opposition , c'est
grand, c'est épique.

BONNEUIL.

Pour vous, mais pour les journaux, il s'en trouvera deux ou
trois assez mal avisés pour demander qui de la place ou du
député a conquis l'autre, que répondrai-je ?

LOUISE.

Vous répondrez que votre dignité vous défend de répondre.

BONNEUIL.

Et mon indépendance.

LOUISE.

Et mon amitié ?

BONNEUIL, *lui baisant la main.*

O vertu, tu n'es qu'un nom !

LOUISE.

C'est bien quelque chose... à moins que vous ne me preniez
pour rien. Le cœur et la main de Louise d'Arthenay, voilà ma
chère ce qu'il a exigé.

CLAIRE.

Et tu as promis ?

LOUISE.

J'ai promis d'espérer. Que veux-tu, il s'agissait d'un caprice.
Un caprice rentré, on en meurt ; lui, au moins, il ne me tuera
pas.

BONNEUIL.

Ah! madame, vous ne m'avez même pas laissé le temps et
l'honneur de capituler ; j'étais dans la cour du ministère avant
même de m'être aperçu que nous roulions vers la rue de Gre-
nelle... Un valet ouvre la portière, j'hésitais encore que nous
étions dans l'anti-chambre... je veux enfin sortir... on m'an-
nonce.

LOUISE.

Et au nom de monsieur de Bonneuil.

CLAIRE.

Ah ! on a dit monsieur de Bonneuil.

LOUISE.

On est très-poli au ministère... A ce nom redoutable, l'huissier s'incline, le chef du cabinet accourt et le ministre nous reçoit... Ah ! ma chère, que c'est commode un député et que c'est agréable d'être de l'opposition.

BONNEUIL.

J'étais compromis, ma tête s'est troublée, le ministre m'a tendu la main, je crois que je l'ai serrée... l'ai-je serrée ?

LOUISE.

Très-vigoureusement.

BONNEUIL.

Ah ! Il m'a présenté un fauteuil, je me suis assis ; il a ouvert la bouche et je ne sais pas comment diable il s'y est pris, il me semblait que je refusais, et il paraît que j'acceptais.

LOUISE.

C'est fort simple, vous demandiez.

BONNEUIL.

Vous croyez ? mais au moins jurez-moi que le silence le plus absolu...

LOUISE.

Oui, oui, vous caressez la chèvre du pouvoir et ne voulez pas vous brouiller avec le chou de l'opposition... On sera discrète.

CLAIRE.

Mais que demandiez-vous donc ?

LOUISE.

Je ne te l'ai pas dit ? une sous-préfecture pour monsieur de Charmois.

CLAIRE.

Pour monsieur de Charmois ! Il n'a jamais rien fait.

LOUISE.

C'est justement ça ! Il n'a pas de fortune il lui fallait une position, je suis certainedu consentement de la famille. Monsieur le sous-préfet de Dunkerque, peste !

CLAIRE.

Et c'est vous, monsieur. Ah !... pour un député de l'opposition... un choix dicté par la faveur !

LOUISE.

Tu as dit ce mot là comme un membre de la gauche... A quoi servirait l'indépendance si elle ne rapportait par ci par là

quelque prime ! que serait la vertu, sans le prix Monthyon ?
Voyons, il n'y a pas un moment à perdre, je cours chez la famille pour faire la demande officielle... Vous, mon complice...

BONNEUIL.

Votre collaborateur, madame.

LOUISE.

Vous croyez, soit ! vous vous chargez de présenter Paul au
ministre et de faire expédier sa nomination.

CLAIRE, *à part.*

C'est un complot. (*A Bonneuil.*) Restez, j'ai à vous parler.

BONNEUIL, *en reconduisant Louise.*

Je vais écrire à mon intendant et au vôtre.

LOUISE.

Pourquoi donc ?

BONNEUIL.

Mais pour qu'il fasse arracher cette maudite haie... la haie
qui sépare mes céréales de vos bois !

LOUISE.

Il suffira je crois, pour cette année, de faire tailler la haie à
hauteur d'appui.

BONNEUIL.

Vous voulez donc que je saute par-dessus ?

LOUISE.

Ah ! voilà un mot qui vaut une récompense ; monsieur de
Bonneuil, nous nous marierons à Pâques.

BONNEUIL.

Ah ! madame je crains la Trinité. (*Revenant après l'avoir con-
duite.*) Heu ! on ne sait jamais sur quoi compter avec cette
belle veuve... Que me veut donc la jolie madame de Brassieux ?

SCÈNE X.

CLAIRE, BONNEUIL.

CLAIRE, *à part.*

Ah ! elle en fait un sous-préfet pour le marier à sa nièce !
(*Haut*). Monsieur de Bonneuil m'en voudra peut-être de l'enle-
ver à madame d'Arthenay ? quand on est amoureux et fiancé !...

BONNEUIL.

Amoureux... certainement... mais fiancé, n'avez vous pas re-
marqué que madame d'Arthenay me renvoyait à Paques.

CLAIRE.

Ah ! la chanson, la cruelle chanson. Tenez, monsieur de Bonneuil, vous avez l'air en ce moment de la pauvre duchesse de Malboroug.

BONNEUIL.

Ah ! madame, si vos prairies avaient voulu...

CLAIRE.

Eh bien ! si mes prairies avaient voulu ?

BONNEUIL.

S'associer à mes céréales, sous le régime de la communauté.

CLAIRE.

A d'autres ! Que diraient les bois de madame d'Arthenay, ces bois où vous aimez à promener vos rêveries, berger galant ?

BONNEUIL, *à part*.

Serait-elle jalouse ? (*Haut.*) Est-ce ma faute ? vous m'exilez, il faut bien s'éloigner. Sur mon passage, je rencontre des bois superbes, l'Amadryade m'invite à me reposer sous leurs ombrages.

CLAIRE.

Et vous attendez sous l'orme.

BONNEUIL.

Hein ! vous croyez ?

CLAIRE.

Parlons d'autre chose.

BONNEUIL.

Cependant...

CLAIRE.

J'ai besoin d'un avis.

BONNEUIL.

Je vous écoute.

CLAIRE.

Je songeais il n'y a qu'un instant que ce fossé qui sépare vos seigles de mes herbages, n'est qu'un trou bourbeux.

BONNEUIL.

Une frondrière avec je ne sais quelles horribles broussailles.

CLAIRE.

Il interrompt la promenade et tout à l'heure, en rêvant, il me semblait qu'une avenue serait d'un bien meilleur effet.

BONNEUIL.

D'un effet ravissant.

CLAIRE.

Pour avoir l'avenue, que faudrait-il ?

BONNEUIL.

Combler le fossé.

CLAIRE.

C'est justement ce que je me disais ; mais il n'y faut plus penser.

BONNEUIL.

Au contraire, pensons-y ; c'est une idée charmante, adorable !

CLAIRE.

Non, non, je vois bien que nos terres ne sympathiseraient pas entr'elles ; ainsi laissons-là le fossé et coupons la haie.

BONNEUIL, à part.

Je m'en doutais, elle est jalouse. (Haut). Eh ! eh ! je parierais bien une chose.

CLAIRE.

Laquelle ?

BONNEUIL.

C'est que vous croyez que j'aime madame d'Arthenay.

CLAIRE.

Oh ! n'allez vous pas nier que vous l'aimez, autant qu'un notaire peut aimer ? On sait bien ce que vous faites pour elle.

BONNEUIL.

Ah ! cette sous-préfecture... Mais c'est une misère, ma belle voisine ; et pour vous je ferais bien autre chose... Voulez vous une préfecture tout entière ?

JUSTINE, entrant.

Un dragon est là, qui, n'ayant pas trouvé monsieur chez lui, a apporté cette dépêche ici. Il dit que c'est fort pressé.

BONNEUIL.

Vous permettez ! (Lisant). « Monsieur, vous savez avec quelle
« faveur j'ai accueilli la recommandation que vous m'avez
« faite. Malheureusement, mon secrétaire a perdu la note qui
« portait le nom de votre protégé ; veuillez me l'envoyer pour
« que la nomination soit expédiée le plus promptement possible ;
« le nom seul du titulaire est en blanc. » Voyez.

CLAIRE.

C'est inutile, j'ai entendu.

BONNEUIL.

Je n'ai donc plus qu'à écrire ce nom.

CLAIRE.

Et vous allez écrire celui de monsieur de Charmois ?

BONNEUIL.

Sans doute.

CLAIRE, *coquettement.*

Je croyais qu'il ne s'agissait plus de madame d'Arthenay.

BONNEUIL.

Oui, mais il s'agit toujours de votre neveu.

CLAIRE *vivement.*

Mon cher voisin, vous n'entendez rien au cœur des femmes ; mais si vous voulez me prouver que vous ne pensez plus à madame d'Arthenay, il faut justement ne pas faire la chose qu'elle vous a demandée.

BONNEUIL.

Ne pas nommer monsieur de Charmois ?

CLAIRE.

Précisément.

BONNEUIL.

Et la rancune de madame d'Arthenay ?

CLAIRE.

Et ma reconnaissance ?

BONNEUIL, *prenant la plume.*

En terme de droit, c'est une compensation pour laquelle je vous redevrais une soulte. Mais si je sacrifie madame d'Arthenay, votre reconnaissance ira-t-elle jusqu'au contrat inclusivement?

CLAIRE.

Est-ce que vous y tenez absolument?

BONNEUIL.

Je suis notaire, madame, et notaire amoureux.

CLAIRE.

Votre étude n'est pas loin... Vous m'y conduirez en sortant d'ici... Mais auparavant...

BONNEUIL.

Vous êtes adorable !... A propos, mais si je ne nomme pas monsieur de Charmois, qui nommerai-je ?

CLAIRE.

Vous avez bien quelque parent, quelque ami ?

BONNEUIL.

J'ai un filleul qui me coûte mille écus par an, et qui fait son stage dans les coulisses des Variétés ; joli garçon d'ailleurs... Léon Dormier...

CLAIRE.

Léon Dormier... c'est un excellent nom de sous-préfet.

BONNEUIL.

Vous le voulez ?... Je plains Dunkerque !

CLAIRE.

Mais écrivez donc, j'entends madame d'Arthenay.

BONNEUIL, *écrivant.*

« Monsieur le Ministre,

« Le nom de mon protégé est M. Léon Dormier. Je suis...
etc... » — Voici la lettre.

CLAIRE.

Voici ma main.

BONNEUIL.

Tant de grâce et de si beaux prés pour une sous-préfecture,
c'est pour rien.

SCÈNE XI.

CLAIRE, LOUISE, BONNEUIL, PAUL.

LOUISE, *à Paul en entrant.*

Mais entrez donc ! on peut se détester cordialement et rester
bons amis.

PAUL.

Mais...

LOUISE.

Ma chère, c'est ton neveu Paul que j'ai rencontré rôdant par
la rue avec des airs tragiques, et qui ne voulait pas monter...
Je l'amène de force. (*A Paul.*) Mettez-vous là... Vous êtes mon
prisonnier.

PAUL.

Puisque vous l'exigez... et si ma présence ne contrarie pas
trop madame de Brassieux...

CLAIRE.

Mais point du tout... ce sera comme si vous ne m'aviez pas
quittée.

PAUL, *à part.*

La girouette est au beau temps !

LOUISE.

Eh bien ! tout est arrangé... J'ai vu la famille d'Hortense et
l'on est d'accord...

CLAIRE.

Ah !

LOUISE.

Les choses ont été traitées dans les formes. Le cercle des
grands parents était assemblé... des habits noisette, des turbans
du temps de madame de Staël... J'ai fait ma demande sans rire...
Le nom de monsieur de Charmois et la sous-préfecture de
Dunkerque ont produit un effet merveilleux... « Le jour où la no-

mination de monsieur de Charmois sera au *Moniteur*, m'a dit un grand oncle, nous signerons le contrat... » Les turbans ont opiné du bonnet, et ce soir je présente monsieur Paul en costume...

CLAIRE.

C'est au mieux.

LOUISE.

A propos, monsieur de Bonneuil, vous n'avez pas négligé de passer au ministère...

BONNEUIL, *troublé.*

Moi... certainement... c'est-à-dire, non...

LOUISE.

Ce bon monsieur de Bonneuil... il se croit toujours à la Chambre... et le voilà qui s'embrouille... Voyons cette nomination, vous l'avez sur vous?

BONNEUIL.

Elle y doit être. (*A Claire.*) Tirez-moi de là, je vous en prie.

CLAIRE.

Mais c'est fort simple... Monsieur de Bonneuil, n'est pas allé chez le ministre.

LOUISE.

Hein?...

CLAIRE.

C'est une lettre du ministère qui est venue chez monsieur de Bonneuil, et à laquelle monsieur de Bonneuil a répondu.

LOUISE.

Ah ! je me disais aussi... donnez.

CLAIRE.

Oh ! mon Dieu... rien n'y manque... la voici.

LOUISE, *lisant.*

Qu'est-ce que c'est que ça ? Léon Dormier !

CLAIRE.

Ça ?... c'est un filleul de monsieur.

LOUISE.

Ciel !...

BONNEUIL.

Madame !

LOUISE.

M'expliquerez-vous, monsieur, comment il se fait que le nom de monsieur Dormier, de votre filleul, se trouve-là, écrit de votre main ?

PAUL.

Vous le demandez, madame ?... n'avons-nous pas trouvé
monsieur de Bonneuil avec madame de Brassieux ? ce change-
ment qui vous étonne, ne me surprend pas, moi... Ne devinez-
vous pas qui en est l'auteur ?

LOUISE.

Serait-il vrai ?

CLAIRE.

J'aime l'explication claire et précise que vient de donner
monsieur de Charmois... C'est moi, en effet...

PAUL.

En est-il un plus naturel que la haine dont ma belle tante
veut bien m'honorer ?... Cependant, comme elle me détestait ce
matin, je ne m'attendais pas, je l'avoue, à tant de constance.

LOUISE, *à Bonneuil.*

Et vous, monsieur, vous à qui j'avais permis d'espérer...

BONNEUIL.

Ah ! madame, je serais sans excuse, n'étaient les yeux que
voilà ! (*Il baise la main de Claire.*)

LOUISE, *à Claire.*

C'est donc un duel entre nous. Bien !... Ah ! je comprends à
présent que monsieur Paul ait été destitué avant d'être nommé.
Mais cette guerre, je l'accepte, et...

PAUL.

Non, madame... laissez les choses comme elles sont... J'ai
failli être sous-préfet.. je ne le suis plus... Entre nous, le choix
ne me semblait pas excellent, et Dunkerque n'y perdra rien...
J'ai failli me marier ; eh bien ! je resterai garçon et j'irai fumer
au Caire.

LOUISE.

Voilà ce qui vous trompe... C'est la première fois qu'un
projet conçu n'aurait pas réussi... Vous avez failli vous marier... eh bien ! vous vous marierez tout-à-fait...

PAUL, *riant.*

Et avec qui, s'il vous plaît ?

CLAIRE.

Avec mademoiselle de Préval, apparemment...

LOUISE.

Non, avec moi !...

PAUL.

Mais...

LOUISE.

Chut!... cela ne vous regarde pas... Vous m'appartenez, vous êtes ma chose et je n'en aurai pas le démenti... Maintenant, monsieur, (*S'adressant à Bonneuil.*) faites et défaites des sous-préfets... je m'en lave les mains, et suis bien votre servante!...

CLAIRE.

Est-ce bien sérieusement?

LOUISE.

Tu m'as défiée... J'accepte la guerre et je me marie pour commencer les hostilités.

PAUL.

En vérité, madame... je ne sais... un tel dévouement...

LOUISE.

Et de quoi vous-mêlez-vous? s'il me plaît à moi de me dévouer, sont-ce là vos affaires, et ne pouvez-vous épouser les gens sans tant de paroles?

CLAIRE, *à part.*

Que va-t-il faire?

PAUL, *à part regardant Claire.*

Pas un mot... rien... pas même un regret! (*Haut.*) Je ne me croyais pas digne d'un tel bonheur; mais, puisque vous me l'offrez, madame, je me tais et j'obéis.

LOUISE.

Se taire et obéir, mais savez-vous que voilà en deux mots la science du mariage... Je vais raffoler de vous, prenez garde!...

PAUL, *lui baisant la main.*

Je me risque.

BONNEUIL.

Bravo! c'est encore un contrat qui me revient.

LOUISE.

Et maintenant que nous voilà tous d'accord... adieu... Je veux que mon mari soit secrétaire d'ambassade... (*A Claire.*) Tu vas me prêter monsieur de Bonneuil pour le faire nommer.

CLAIRE, *vivement.*

Un mot d'abord...

LOUISE, *gaiement.*

Tout de suite?

CLAIRE.

En tête à tête?

LOUISE, *la regardant.*

Ah! (*Haut.*) Messieurs les puissances belligérantes ont à conférer... Elles ne vous retiennent plus.

BONNEUIL.

Moi, je vais selon les traités, préparer la minute de notre contrat.

PAUL.

Je vais attendre madame d'Arthenay, dans le premier salon, si madame d'Arthenay le permet. (*Il s'incline et sort.*)

SCÈNE XII.

CLAIRE, LOUISE.

CLAIRE, *se jette dans un fauteuil et pleure.*

Ah ! Louise !

LOUISE.

Eh bien ! eh bien ! tu pleures. Oh ! chère, je n'avais pas compté sur les larmes ; mais si tu m'attaques par le sentiment, ce n'est plus une guerre, c'est une embuscade.

CLAIRE.

Ah ! ma bonne Louise... il n'est plus temps de plaisanter... Je suis bien malheureuse.

LOUISE.

Malheureuse... toi ? et pourquoi ?...

CLAIRE.

Il ne m'aime pas.

LOUISE,

Monsieur de Bonneuil.

CLAIRE.

Paul.

LOUISE.

Eh bien ! il ne manquerait plus que mon mari t'aimât... Qu'est-ce que ça te fait qu'il ne t'aime pas ?

CLAIRE.

C'est que je l'aime moi.

LOUISE.

Mon mari ? mais c'est d'une immoralité ! N'est-ce donc pas assez de l'avoir persécuté avec un acharnement...

CLAIRE.

Avec un amour...

LOUISE.

C'est trop fort... Tu te maries et tu l'aimes ?

CLAIRE.

Mais c'est précisément à cause de cela.

LOUISE.

Ah ! c'est à cause de cela ?

CLAIRE.

Mais oui, si je ne l'avais pas aimé...

LOUISE.

Tu n'aurais pas épousé son oncle?

CLAIRE.

Sans contredit.

LOUISE.

C'est prodigieux !

CLAIRE, *se levant.*

C'est tout simple. Monsieur de Brassieux était un vieillard égoiste, qui songeait beaucoup à lui et fort peu à son neveu. Il allait épouser mademoiselle de Longpré, une coquette et une ambitieuse ; l'héritage de Paul était perdu pour lui, je me sacrifiai. Je cherchai à plaire à monsieur de Brassieux, je réussis, je devins sa femme et je sauvai l'héritage de Paul... au prix de mon bonheur.

LOUISE.

Ainsi, tu as été infidèle par fidélité ! c'est un assez joli roman. Par malheur le dénouement contredit le premier chapitre... Cet héritage que tu as voulu conserver à Paul, tu l'as gardé ; est-ce là aussi une preuve d'amour ?

CLAIRE.

Sans doute, puisque c'est une preuve de jalousie.

LOUISE.

Comment ?

CLAIRE.

L'héritage de monsieur de Brassieux avait fait de Paul un millionnaire, et c'était le million que tu mariais à Hortense de Préval. Voilà pourquoi j'ai retrouvé dans le fond de mon secrétaire, ce testament olographe qui déshéritait monsieur de Charmois.

LOUISE.

Au fait, en reprenant l'héritage, tu reprenais l'héritier... Mais la sous-préfecture de Dunkerque... ah !... Est-ce là de la haine véritable ?

CLAIRE.

Ne m'avais-tu pas dit que la famille d'Hortense se contenterait d'un sous-préfet ?

LOUISE.

C'est effrayant... Mais son notaire que tu épouses... son notaire ?...

CLAIRE.

Pour avoir la destitution, il fallait donner quelque chose... Monsieur de Bonneuil n'est pas généreux... j'ai donné ce que j'avais, non pas mon cœur, mais ma main...

LOUISE.

Tu as une logique qui m'épouvante... Mais pourquoi n'av.
pas dit à ce pauvre jeune homme?...

CLAIRE.

Est-ce qu'une femme peut dire ces choses-là? est-ce qu'il
n'aurait pas dû deviner? Ce pauvre Paul est d'une maladresse
et d'une discrétion !...

SCÈNE XIII.

LES PRÉCÉDENTS, PAUL.

PAUL, *sortant de la porte à gauche.*

Pas cette fois, ma jolie tante... car j'étais là et j'ai tout entendu. Ai-je besoin de vous dire que je vous ai toujours
aimée?

CLAIRE, *lui tendant la main.*

Paul !... mais que dira votre prétendue? (*Elle montre Louise.*)

LOUISE.

Elle dira : Monsieur, vous vous mariez... cela suffit à ma
gloire... Ce que je voulais, c'était un mariage et non pas un
mari.

PAUL, *aux genoux de Claire.*

Ah !

SCÈNE XIV.

LES MÊMES, BONNEUIL.

BONNEUIL.

Voilà qui est fait... le contrat est libellé... j'ai voulu l'écrire
tout entier de ma propre main. (*Apercevant Paul aux pieds de
Claire.*) Que vois-je !

PAUL.

Ah ! mon cher monsieur Bonneuil, soyez témoin de mon bonheur.

BONNEUIL.

Votre bonheur ! c'est charmant ! et le mien ?

LOUISE.

Bah ! c'est toujours un contrat qui vous revient... vous n'aurez qu'à changer les noms.

BONNEUIL, *à Claire.*

Et vos promesses, madame, que sont elles devenues ?

CLAIRE.

Je suis prête à les tenir, monsieur.

PAUL.

Que dit-elle ?

LOUISE.

Encore ! La girouette du capitaine Lebatard aurait-elle
tourné ?

CLAIRE.

Que vous ai-je promis ? ma main ? Elle est à vous.

BONNEUIL.

Ah !

CLAIRE.

Quant au cœur... je vous en préviens... il est à monsieur de
Charmois, à Paul ; il le garde, j'imagine, et vous n'avez, comme
on dit dans votre étude, aucun droit d'hypothèque à exercer sur
les cœurs... Reste ma fortune ! (*Elle tire le testament de sa
poche*). Elle appartenait légitimement à M. de Charmois... je la
lui restitue en déchirant ce testament. (*Elle le déchire et en jette
les morceaux.*)

PAUL.

Que faites-vous donc ?

CLAIRE, *à Bonneuil.*

Et maintenant, monsieur, décidez vous-même.

BONNEUIL, *embarassé.*

Certainement le bonheur d'être à vous est un bonheur qui. .
mais lorsque votre cœur est à un autre...

LOUISE, *à part.*

Comme la fortune.

BONNEUIL.

Madame, je vous rends votre parole. (*Se retournant vers
Louise.*) Et vous, madame, qui voyez un notaire affligé et re-
pentant, ne supprimerez-vous jamais la Trinité ainsi que la haie?

LOUISE.

Pour vous... maintenant ?

BONNEUIL.

Ah ! madame, entre l'inconstance et le notariat, il y a incom-
patibilité d'humeur.

CLAIRE.

En vérité, tu lui dois une compensation... Il est compromis,
et le voilà brouillé avec l'opposition.

BONNEUIL, *soupirant.*

Sans retour.

CLAIRE.

C'est un divorce.

LOUISE.

Eh bien ! soit ! (*A Claire.*) Nous ne nous quitterons jamais...
(*A Bonneuil.*) Mais prenez garde, j'y mets une condition.

BONNEUIL.

Laquelle ?

LOUISE.

Si vous êtes le gouvernement, je serai l'opposition.

BONNEUIL.

Et le gouvernement fera ce que vous voudrez. (*Il lui baise la
main. — A Claire.*) C'est égal, je ne m'explique pas.

CLAIRE.

Quoi donc ?

BONNEUIL.

Ce matin vous détestiez monsieur de Charmois, et ce soir
vous l'épousez... Le proverbe a bien raison :

« SOUVENT FEMME VARIE...

PAUL, *baisant la main de Claire.*

« BIEN SAGE EST QUI S'Y FIE ! »

Fin.

Clermont (Oise. — Imp. A. DAIX.

« dront au jour de la justice et de la réparation notre nom, nos
« blasons, et tous les biens qui nous ont été confisqués...

JACKSON.

Et ce petit-fils du comte... c'est Richard...

AMORNY.

Et Georges, son père, c'est Bertram, qui a survécu et vient de
se révéler tout à l'heure.

JACKSON.

Bertram...

AMORNY.

Oui, mais nous tenons leurs destinées. Voyons, que dit-il encore? (*Il lit.*) « C'est lui qui seul ouvrira ce testament et devra
« raconter à l'Angleterre épouvantée ce que j'affirme ici : Le
« bourreau Maxwell n'est pas mort fou, comme on l'a publié...
« mais empoisonné par le comte Amorny, qui, sans crainte du
« tonnerre, s'était fait à sa place l'exécuteur de la reine Marie
« Stuart. » (*S'arrêtant et avec fureur.*) Du feu, Jackson?

JACKSON, *lui apportant un flambeau.*

En voici, milord.

AMORNY, *brûlant le testament.*

Ah! ce parchemin s'allume; je craignais que, comme un talis-
man d'enfer, il fût insaisissable à la flamme... Mais non... le feu
le dévore... les lignes disparaissent, mon nom s'efface... vois
donc, Jackson.

JACKSON.

Oui, milord, tout est consumé!

AMORNY, *glorieux.*

Fortune des Hamilton! accusation, preuves et secrets, on ne
saurait trouver même votre souvenir dans cette cendre, qu'un
souffle disperse au vent. (*La porte du fond s'ouvre.*)

UN COUREUR ROYAL, *annonçant.*

Sa Majesté le roi Jacques Ier d'Angleterre.

AMORNY.

Le roi... Il était temps, Jackson...

SCÈNE VII.

LES MÊMES, LE ROI, PAGES. (*Les pages entrent et se rangent
près de la porte.*)

AMORNY, *saluant.*

Sire!...

JACQUES.

Vous êtes ici, milord?...

AMORNY.

Sire, mon mariage...

JACQUES.

En effet... c'est aujourd'hui... mais je ne vois ni la comtesse

Arabelle, ni le matelot Bertram... ni ceux enfin que je croyais rencontrer ici...

AMORNY, *à Jackson.*

Jackson, cours prévenir la comtesse Arabelle de l'arrivée du roi. (*Jackson entre à gauche.*)

JACQUES, *à Amorny* *.

Milord, nous devons apprendre ici la vérité sur une étrange histoire...

AMORNY.

Oui, sire, le matelot Bertram m'a parlé de ses espérances que des preuves sans répliques doivent réaliser... Mais je doute...

JACQUES.

Nous allons le savoir.

SCÈNE VIII.

LES MÊMES, BERTRAM, ARABELLE, *derrière eux* MA-RIANNE *et* RICHARD. (*Tous saluent le roi.*)

JACQUES.

Vous le voyez, Bertram, je suis exact au rendez-vous... Le testament du comte Hamilton, où est-il?

BERTRAM.

Pardonnez, sire... mais Samuel, de qui je dois le recevoir... n'est pas encore ici...

JACQUES.

D'où vient ce retard?...

BERTRAM.

Je ne sais, et je tremble... mais il m'a dit où le testament était caché...

RICHARD, *qui a été avec inquiétude regarder dans le fond.*

Ne tremblez plus, Bertram, voici Samuel.

BERTRAM.

Samuel...

AMORNY, *à part.*

Je ne le crains plus...

SCÈNE IX.

LES MÊMES, SAMUEL, *pâle, haletant, paraît au fond.*

BERTRAM, *allant à lui.*

Eh bien, frère... mais qu'as-tu donc?...

SAMUEL, *sur la porte.*

Tu attendais de moi la lumière... le testament... Je ne l'ai plus... on me l'a volé...

* Jacques, Amorny.

www.ingramcontent.com/pod-product-compliance
Lightning Source LLC
LaVergne TN
LVHW021208200726
843510LV00001B/500